Lala Jafarova
Vugar Mammadov

Questões Éticas nas Políticas de Saúde Pública

Lala Jafarova
Vugar Mammadov

Questões Éticas nas Políticas de Saúde Pública

Prática Internacional e Azerbaijão

ScienciaScripts

Imprint

Any brand names and product names mentioned in this book are subject to trademark, brand or patent protection and are trademarks or registered trademarks of their respective holders. The use of brand names, product names, common names, trade names, product descriptions etc. even without a particular marking in this work is in no way to be construed to mean that such names may be regarded as unrestricted in respect of trademark and brand protection legislation and could thus be used by anyone.

Cover image: www.ingimage.com

This book is a translation from the original published under ISBN 978-613-3-99741-7.

Publisher:
Sciencia Scripts
is a trademark of
Dodo Books Indian Ocean Ltd. and OmniScriptum S.R.L publishing group

120 High Road, East Finchley, London, N2 9ED, United Kingdom
Str. Armeneasca 28/1, office 1, Chisinau MD-2012, Republic of Moldova, Europe
Printed at: see last page
ISBN: 978-620-8-02564-9

Copyright © Lala Jafarova, Vugar Mammadov
Copyright © 2024 Dodo Books Indian Ocean Ltd. and OmniScriptum S.R.L publishing group

Índice

1. Questões éticas no contexto da proteção da saúde pública

Resumo:

Atualmente, em muitos países, a proteção da saúde da população é uma das prioridades da política interna. A proteção da saúde pública e a melhoria da qualidade dos cuidados médicos são elementos essenciais para o desenvolvimento de cada país. No entanto, os factores socioeconómicos desempenham um papel importante nesta área e, em alguns casos, a proteção da saúde da população não pode ser implementada a um nível elevado devido a deficiências que não estão diretamente relacionadas com a medicina em si. Além disso, certas partes da população, devido a determinadas circunstâncias, necessitam de cuidados especiais por parte do Estado, cuja prestação é, em muitos casos, uma questão complexa. Estes problemas têm componentes legais e éticas. Assim, os autores analisam as questões éticas mais comuns no contexto da proteção da saúde da população e tiram conclusões sobre os métodos de resolução e prevenção.

Palavras-chave: questões éticas, saúde pública, sistema de saúde, bioética, direitos humanos, direito à saúde

A proteção da saúde da população é uma responsabilidade direta do Estado e um dos elementos-chave necessários para o desenvolvimento de cada país. No contexto dos cuidados de saúde, é importante criar condições que permitam à população atingir um nível de vida elevado. No entanto, a proteção da saúde pública é uma questão suficientemente complexa que envolve uma pluralidade de factores interligados. Estes factores abrangem uma vasta gama de aspectos sociais, económicos, jurídicos e outros. A estreita relação entre estes aspectos e, em certos casos, a impossibilidade ou incapacidade do Estado de os harmonizar, suscitam frequentemente questões éticas.

Um progresso significativo no domínio da saúde pública pode ser assegurado pelo crescimento económico e por outros factores, como o desenvolvimento da educação, a melhoria do abastecimento alimentar, as condições de habitação, etc. Por outras palavras, para prosseguir a criação de condições importantes para a proteção da saúde da população, o Estado deve utilizar os recursos disponíveis e aplicar uma política de saúde adequada. Além disso, o termo saúde pública abrange não só a saúde de cada indivíduo, mas também a de diferentes grupos, e o principal objetivo da saúde pública é a prevenção das doenças e a eliminação das desigualdades na saúde da população relacionadas com a classe social, a raça/etnia, o sexo e outras possíveis desvantagens. Assim, a proteção da saúde da população vai além dos serviços médicos e deve abordar outras questões, a fim de garantir padrões elevados.

É evidente que, num sentido figurado, a saúde pública inclui a saúde de todos os indivíduos da sociedade, do país. No entanto, é geralmente aceite que questões como a obesidade, o tabagismo, os estilos de vida saudáveis e outras são de particular importância para a população em geral. Quanto mais prevalente for o problema, mais público se torna, exigindo uma abordagem especial por parte do governo do Estado. As taxas destes problemas sociais relacionados com a saúde são frequentemente observadas em estatísticas globais ou públicas, que podem mostrar os problemas mais urgentes que requerem uma atenção especial.

A base principal para qualquer melhoria dos cuidados de saúde é, sem dúvida, o desenvolvimento da medicina e da ciência, ou seja, o aumento dos conhecimentos sobre as causas das doenças, os novos tratamentos e os métodos de prevenção.

Em matéria de cuidados de saúde, o Estado orienta-se, antes de mais, pelas normas e princípios consagrados nos documentos internacionais. [1]Tal como se afirma na Constituição da Organização Mundial de Saúde (OMS), "a saúde é um estado de completo bem-estar físico, mental e social e não apenas a ausência de doença ou enfermidade". A política do Estado cria as condições necessárias para a disponibilidade de assistência médica e, consequentemente, para a proteção da saúde de cada cidadão, de toda a população. A este respeito, a interação entre as autoridades

---

[1] OMS, "Constituição da Organização Mundial de Saúde", 1946. Documentos de base, quadragésima quinta edição, suplemento, outubro de 2006
<http://www.who.int/governance/eb/who_constitution_en.pdf>

médicas, científicas, económicas e outras do Estado é crucial. A interação é importante porque só um trabalho bem coordenado no terreno e a aplicação de uma política estatal democrática podem garantir a proteção da saúde pública. Além disso, a preparação do pessoal médico profissional é o fator-chave para um sistema de saúde adequado, o que não pode ser conseguido sem educação. A educação é também importante para informar a população sobre as medidas necessárias para evitar a propagação de doenças e manter uma boa saúde.

O reforço e a proteção da saúde são condições essenciais para o bem-estar e para uma existência humana digna. Todos os Estados devem assumir a responsabilidade pela saúde dos seus cidadãos e, embora não possam garantir a saúde a todos os cidadãos, devem criar certas condições para a proteção e a melhoria da saúde humana. A proteção da saúde humana está consagrada no preâmbulo da Constituição da OMS e é igualmente reconhecida na Declaração Universal dos Direitos do Homem das Nações Unidas (ONU). De acordo com os documentos internacionais acima referidos, "gozar do melhor estado de saúde que é possível atingir" é um dos direitos fundamentais de todos os seres humanos, sem distinção de raça, religião, credo político, estatuto económico ou social. Assim, de acordo com a Declaração dos Direitos do Homem das Nações Unidas, Artigo 25 (1):

"Toda a pessoa tem direito a um nível de vida suficiente para lhe assegurar e à sua família a saúde e o bem-estar, incluindo a alimentação, o vestuário, o alojamento, a assistência médica e os serviços sociais necessários, bem como o direito à segurança no desemprego, na doença, na invalidez, na viuvez, na velhice ou noutros casos de perda de meios de subsistência em circunstâncias independentes da sua vontade".[2]

Muitas mudanças ocorreram nas nossas vidas desde que esta declaração foi adoptada. As tendências mundiais em matéria de saúde estão a evoluir cada vez mais para tecnologias que interferem diretamente no chamado curso natural da vida, como a inseminação artificial, a clonagem e a engenharia genética. [3]Em 2016, por exemplo,

---

[2] ONU, "Declaração Universal dos Direitos do Homem", 1948 <http://www.un.org/en/universal-declaration-human-rights/.

[3] BBC News. Michelle Roberts, "First 'three person baby' born using new method", 27 de setembro.

nasceu o primeiro bebé graças a um método de fertilidade que utiliza os dados genéticos de três pessoas, o que não era possível há dez anos. O aparecimento e a introdução destas técnicas inovadoras representam não só novas preocupações sociais e jurídicas, mas também preocupações éticas muito importantes, uma vez que podem afetar a população em geral e criar novos problemas numa perspetiva global. A este respeito, a Declaração Universal da UNESCO sobre Bioética e Direitos Humanos, adoptada em 2005, é extremamente valiosa, uma vez que tem em conta as componentes jurídicas e éticas da atitude dos diferentes Estados, sociedades e religiões face a estas tendências. [4]Esta declaração deu um contributo importante para a formulação de quinze princípios bioéticos universais, que abrangem uma vasta gama de questões actuais no mundo moderno. [5]Entre estes 15 princípios, há 4 que gostaríamos de destacar neste artigo e que desempenham um papel muito importante no desenvolvimento das estratégias dos sistemas de saúde:

- Igualdade, justiça e equidade (princípio 8)

"A igualdade fundamental de todos os seres humanos em termos de dignidade e de direitos deve ser respeitada para que sejam tratados de forma justa e equitativa".

- Solidariedade e cooperação (princípio 11)

"A solidariedade entre os seres humanos e a cooperação internacional para esse efeito devem ser encorajadas.

- Responsabilidade social e saúde (princípio 12)

"Promover a saúde e o desenvolvimento social das suas populações é um objetivo central dos governos, partilhado por todos os sectores da sociedade.[6]

- Participação nos lucros (princípio 13)

"Os benefícios resultantes de toda a investigação científica e das suas aplicações devem ser partilhados com a sociedade no seu conjunto e no seio da comunidade

---

2016. web: http://www.bbc.com/news/health-37485263. (acedido em: 08.04.2017)
[4] Sítio oficial da UNESCO, Declaração Universal sobre Bioética e Direitos Humanos. web: http://www.unesco.org/new/en/social-and-human-sciences/themes/bioethics/bioethics-and-human-rights/ (consultado em: 09.04.2017)
[5] UNESCO, Declaração Universal sobre Bioética e Direitos Humanos (texto da declaração em inglês). web : http://unesdoc.unesco.org/images/0014/001461/146180E.pdf (consultado em: 09.04.2017)
[6] *Ibid.* 5

internacional, em especial com os países em desenvolvimento...".

A implementação e a adesão a estes princípios são recomendadas a todos os Estados signatários da Declaração. No entanto, na prática, estas questões representam frequentemente dilemas éticos complexos. Por exemplo, o Princípio 12 acima mencionado afirma:

"O progresso da ciência e da tecnologia tem de progredir:

(a) acesso a cuidados de saúde de qualidade e a medicamentos essenciais, nomeadamente para as mulheres e as crianças, porque a saúde é essencial à própria vida e deve ser considerada como um bem social e humano;

(b) acesso a alimentos e água adequados;

(c) melhorar as condições de vida e o ambiente;

(d) eliminar a marginalização e a exclusão de pessoas por qualquer motivo;

(e) reduzir a pobreza e o analfabetismo".

Na prática, muitas pessoas são privadas de todos ou da maior parte destes direitos devido a factores socioeconómicos, como os conflitos armados ou o estado de guerra, durante os quais é quase impossível garantir estes direitos. [7]Por exemplo, na sequência do conflito entre a Arménia e o Azerbaijão sobre o Nagorno-Karabakh e da ocupação de mais de 20% do território do Azerbaijão, mais de um milhão de pessoas tornaram-se refugiados e deslocados internos, privados dos seus direitos legítimos. O Estado está a aplicar numerosas medidas para restabelecer esses direitos, o que exige recursos financeiros e outros significativos.

[8]Outro exemplo dos efeitos destrutivos da ação militar é a guerra civil na Síria, que se transformou num problema humanitário global, com mais de 6,3 milhões de pessoas deslocadas internamente e 4,3 milhões em zonas de difícil acesso sob cerco. [9]Recentemente, centenas de cidadãos sírios foram vítimas de um ataque químico, que

---

[7] O sítio Web oficial do Comité Estatal da República do Azerbaijão para os assuntos dos refugiados e das pessoas deslocadas internamente. Web: http://www.refugees-idps-committee.gov.az (acedido em 09.04.2017)

[8]Agência das Nações Unidas para os Refugiados, ACNUR. Syria Emergency. web: http://www.unhcr.org/syria- emergency.html (acedido em 05.04.2017)

[9] OMS. Ação humanitária no domínio da saúde,
A OMS alerta para a utilização de produtos químicos altamente tóxicos como armas na Síria web: http://www.who.int/hac/crises/syr/en/ (acedido em 07.04.2017)

causou a morte de pelo menos 70 pessoas, de acordo com a OMS. Este caso é um exemplo flagrante da utilização de um feito científico (armas químicas) contra civis, em violação de todas as normas legais e éticas internacionais. A questão de saber até que ponto os refugiados podem usufruir de todos os direitos e benefícios de que gozam os seus cidadãos no território do país de acolhimento é também uma questão de preocupação ética. Por exemplo, a ação militar e as suas outras consequências afectam principalmente a saúde das pessoas, o que levanta muitas questões éticas. Neste contexto, a questão não diz respeito apenas a grupos populacionais individuais, mas também a Estados inteiros e, por vezes, até a regiões. O mesmo se aplica às catástrofes naturais; no entanto, ao contrário do exemplo anterior, estas não podem ser evitadas e não dependem da vontade humana. Nestes casos, a obrigação do Estado é minimizar os danos e ajudar as vítimas. Por conseguinte, as questões éticas no domínio da saúde podem ser simultaneamente globais e locais, intra-estatais e individuais.

As questões éticas relacionadas com os cuidados médicos tornaram-se recentemente um dos problemas mais prementes com que se confronta o sistema de saúde moderno. Com base nas definições acima referidas, o conceito de saúde pode ser considerado num contexto mais amplo, ou seja, tendo em conta os factores que influenciam a saúde humana: o ambiente, os alimentos consumidos, a disponibilidade de cuidados de saúde de elevada qualidade e até a disponibilidade das mais recentes conquistas científicas para o cidadão comum. [10]No entanto, existem muitos outros componentes que definem os cuidados de saúde estatais e o seu principal elemento é a adesão a princípios de ética médica reconhecidos internacionalmente, que desempenham um papel significativo nas actividades terapêuticas e de tratamento quotidianas. [11][12]Outro aspeto é a legislação nacional, da qual derivam princípios como a moralidade, o respeito pelo doente e a aplicação de princípios bioéticos universais, que, em certa medida, determinam o nível de desenvolvimento do sistema de saúde do

---

[10] The AMA, American Code of Medical Ethics web: https://www.ama-assn.org/delivering-care/ama-code-medical-ethics (acedido em 08.04.2017).

[11] Editado por Henk A. M. J. ten Have e Michele S. Jean, "The Universal Declaration on Bioethics and Human Rights. Basic Principles and Application", Série Ética (Paris, França: Organização das Nações Unidas para a Educação, a Ciência e a Cultura, 2009).

[12] Vugar Mammadov, "Bioethics Azerbaijan", capítulo do livro: R.G.Beran (ed.), Legal and Forensic Medicine (Springer-Verlag Berlin Heidelberg, 2013), pp.1171-1115.

país. Ao mesmo tempo, em condições modernas, ramos aparentemente independentes, como a medicina e a economia, podem estar intimamente ligados. Assim, como já foi referido, a prestação de cuidados profissionais aos doentes é o principal critério de proteção dos seus direitos e interesses. No entanto, em muitos países, o desenvolvimento económico não favorece a criação das condições necessárias para a aplicação de tecnologias médicas e de diagnóstico modernas, a melhoria da educação médica e outros aspectos necessários para a saúde da população. Estas e muitas outras questões constituem preocupações éticas actuais.

[13][14]Exemplos recentes de considerações éticas relacionadas com a proteção da saúde pública incluem a propagação do vírus Zika na região da América Latina e Central e do vírus Ébola na região africana . Sabemos que a prevenção das doenças transmissíveis é um dos elementos fundamentais para proteger a saúde da população. [15]Neste caso, algumas companhias aéreas ou passageiros preferiram cancelar os voos para as regiões afectadas pela epidemia de Zika. [16]A questão ética aqui é o direito humano à liberdade de circulação e o potencial perigo para os outros. Uma pessoa que decida viajar para uma região potencialmente perigosa não está apenas a pôr em risco a sua própria saúde, mas as suas acções podem também contribuir para a propagação da doença. Referir o artigo 5.º da Declaração Universal sobre Bioética e Direitos Humanos (princípio da autonomia e da responsabilidade individual):

"A autonomia dos indivíduos para tomar decisões, assumindo a responsabilidade por essas decisões e respeitando a autonomia dos outros, deve ser respeitada.[17] Será moralmente justificável defender o direito à autonomia nestes casos? Como podemos reconhecer se uma pessoa compreende a sua responsabilidade por acções que podem causar danos potenciais a outros, como no caso da propagação de uma infeção, mesmo

---

[13] Greg Botelho, CNN (Cable News Network), "Zika virus 'spreading explosively,' WHO leader says", 20 de fevereiro de 2016 <http://edition.cnn.com/2016/01/28/health/zika-virus-global-response/>

[14] BBC news, "Ebola: Mapping the outbreak", 14 de janeiro de 2016 < http://www.bbc.com/news/world-africa-28755033>

[15] "Voos cancelados devido ao vírus Zika", 27 de janeiro de 2016 <http://onemileatatime.boardingarea.com/2016/01/27/zika-virus-flights/>

[16] ONU, "Declaração Universal dos Direitos do Homem", 1948 < http://www.un.org/en/universal-declaration-human-rights/>

[17] *Ibid.* 5

que isso possa ser feito de forma não intencional? [18]Por exemplo, ainda não se sabe se o vírus Zika pode ser transmitido de pessoa para pessoa, pelo que autoridades como a OMS e os Centros de Controlo e Prevenção de Doenças dos EUA aconselharam as pessoas a evitar viajar para essas zonas. [19]Por outro lado, sabe-se que "o vírus Zika pode ser transmitido de uma mulher grávida para o seu feto e tem sido associado a uma grave malformação cerebral chamada microcefalia nos bebés" e a maioria dos médicos nas regiões atualmente endémicas aconselha as mulheres a não terem filhos durante pelo menos dois anos. Assim, este caso leva-nos a uma série de dilemas éticos: pode o Estado restringir os voos dos seus cidadãos, violando o seu direito à liberdade de circulação? De um ponto de vista jurídico, a resposta a esta questão é clara, uma vez que está sujeita à Declaração Universal dos Direitos do Homem, mas de um ponto de vista ético, é uma questão de debate.

Embora a questão da transmissão do vírus Zika ainda não esteja esclarecida, há provas de que muitas outras doenças infecciosas são transmitidas de uma pessoa para outra. De acordo com a OMS, as doenças mais disseminadas são a malária, a tuberculose, o VIH/SIDA, a hepatite e outras. [20]As estatísticas da OMS mostram que, em 2015, foram registados 214 milhões de casos de malária em todo o mundo, 480 000 casos de tuberculose multirresistente em 2014 e 400 milhões de pessoas em todo o mundo vivem atualmente com hepatite B ou C . Estas estatísticas mostram a dificuldade de encontrar um equilíbrio entre a proteção dos direitos dos cidadãos e o respeito dos valores éticos, por um lado, e a melhoria/proteção da sua saúde, por outro. No que respeita ao artigo 14º (princípio da responsabilidade social e da saúde) da Declaração sobre Bioética e Direitos Humanos :

"Promover a saúde e o desenvolvimento social das suas populações é um objetivo central dos governos, partilhado por todos os sectores da sociedade.[21]

A importância de uma regulamentação e educação rigorosas, para além do

---

[18] Sandee LaMotte, CNN (Cable News Network), 24 de fevereiro de 2016
<http://edition.cnn.com/2016/01/26/health/zika-what-you-need-to-know/index.html?iid=EL>
[19] Centros de Controlo e Prevenção de Doenças, "Zika Virus. Para mulheres grávidas", 4 de abril de 2016
< http://www.cdc.gov/zika/pregnancy/index.html>
[20] OMS, o sítio Web oficial da Organização Mundial de Saúde. <http://www.who.int/en/>
[21] *Ibid.* 5

tratamento, ficou claramente demonstrada durante a epidemia de Ébola na África Ocidental. [22]De acordo com a OMS, mais de 11 000 mortes (dados até janeiro de 2016) foram causadas pela doença; e o aspeto mais significativo desta questão é que a investigação e o rastreio de dados identificaram uma rápida propagação da doença devido à falta de conhecimento da população e à inadequação dos cuidados de saúde nestes países. Estes são exemplos vitais da importância da educação pública e de outras medidas para reduzir o risco de propagação de doenças transmissíveis. A admissibilidade de medidas restritivas a este respeito é uma questão ética. Dada a ausência de uma vacina eficaz e aprovada, pode presumir-se que a doença apresenta riscos globais em termos de perigosidade e de taxa de mortalidade. Coloca-se assim uma questão ética: será moralmente correto declarar uma quarentena e proibir as pessoas de entrar e sair das zonas afectadas? No entanto, tendo em conta o direito à saúde universalmente reconhecido, todas as medidas devem ser tomadas para proteger esse direito. Por outro lado, o que fazer, do ponto de vista moral, se uma pessoa infetada recusar o tratamento? Do ponto de vista jurídico, é um direito que lhe assiste enquanto doente, mas será que pode ser autorizado a fazê-lo? O direito ao consentimento informado pode ser violado em circunstâncias tão extremas e o tratamento pode ser efectuado? Consequentemente, o dilema moral no contexto da proteção da saúde pública em relação às doenças infecciosas é a oposição entre as escolhas individuais e a salvaguarda do bem-estar dos outros. Assim, em condições tão extremas como as acima descritas, o respeito por muitos princípios bioéticos, incluindo a privacidade e a confidencialidade, é uma questão difícil. [23]Embora o artigo 3.º (princípio da dignidade humana e dos direitos humanos) da Declaração Universal sobre Bioética e Direitos Humanos afirme que "os interesses e o bem-estar do indivíduo devem prevalecer sobre o interesse exclusivo da ciência *ou* da *sociedade"*. No caso das doenças infecciosas e da ausência de tratamento, a proteção destes princípios parece injustificada ou extremamente difícil.

A utilização de vacinas, sobretudo em crianças, é uma questão ética comum no

---

[22] Jennifer J. Brown, Everyday Health, "How Diseases Like Ebola Go Viral", 31.10.2014
< http://www.everydayhealth.com/news/how-diseases-like-ebola-spread-quickly/>

que respeita às medidas preventivas no domínio da saúde pública. Uma vez que os menores não têm total liberdade de escolha, os pais decidem se querem ou não vacinar, segundo o seu próprio critério. Este problema, por sua vez, levanta a questão de saber se o direito da criança à saúde é violado se os pais recusarem o procedimento de vacinação. Sabemos que alguns estabelecimentos de ensino se recusam a aceitar crianças não vacinadas, o que está, portanto, relacionado com o direito à educação. Estas questões representam também um dilema ético complexo. Os adultos, por outro lado, tomam as suas próprias decisões sobre a vacinação (com exceção daqueles que não são capazes de tomar decisões), mas se estiverem empregados na esfera pública e tiverem contacto regular com muitas pessoas, o seu direito pessoal colide com a segurança pública. A este respeito, a questão da importância da recolha de informações sobre a distribuição de certas doenças é igualmente importante. A recolha de dados sobre as doenças mais comuns e os factores a elas associados permite desenvolver medidas preventivas, ou seja, políticas de Estado. No entanto, a recolha de dados sem o consentimento do doente coloca um problema ético.

Uma das outras considerações éticas mais comuns no contexto da proteção da saúde da população é a pobreza. A pobreza é a causa indireta da maioria das mortes evitáveis. De acordo com a OMS, "os pobres estão expostos a maiores riscos para a saúde pessoal e ambiental, estão menos bem nutridos, têm menos informação e têm menos acesso aos cuidados de saúde; correm, por isso, um maior risco de doença e incapacidade". [23]Para além disso, 5,9 milhões de crianças com menos de cinco anos morreram em 2015, ou seja, 16 000 por dia. A investigação mundial mostra que a maioria destas mortes prematuras ocorre em países com baixos rendimentos. Além disso, poderiam ser prevenidas e tratadas, mas devido à falta de intervenções simples e acessíveis, as taxas de mortalidade permanecem elevadas. [24]Cerca de 45% das mortes de crianças estão ligadas à má nutrição. A relação direta entre a falta de abastecimento (malnutrição) e as esferas socioeconómicas é clara. O estatuto socioeconómico do indivíduo enquanto membro da sociedade e do Estado, ou mesmo da região, determina

---

[23] OMS, "Pobreza" < http://www.who.int/topics/poverty/en/>
[24] OMS, Ficha informativa, "Crianças: reduzir a mortalidade", janeiro de 2016

e causa muitos problemas relacionados com a saúde. [25]Embora a maioria das doenças transmissíveis seja mais frequente nos países com baixos rendimentos, as doenças não transmissíveis, como as doenças relacionadas com o tabaco, também estão ligadas à pobreza e, segundo a OMS, "prevê-se que o consumo de tabaco cause cerca de sete milhões de mortes adicionais por estas doenças todos os anos até 2030 nos países em desenvolvimento" . É evidente que, mesmo nos países mais desenvolvidos, como os Estados Unidos da América, certos segmentos da população têm baixos rendimentos e é da responsabilidade do Estado cuidar deles. [26]Consequentemente, o princípio enunciado no artigo 10.º da Declaração Universal sobre Bioética e Direitos Humanos, a saber, a igualdade, a justiça e a equidade, embora protegido por lei, não pode ser plenamente respeitado devido às diferenças de estatuto económico entre os cidadãos. A nível global, a necessidade de consolidar os esforços de toda a comunidade internacional para ajudar os países pobres, e mesmo regiões inteiras como a África Ocidental, é provavelmente a chave para resolver os problemas mencionados. Atualmente, organizações como a Organização das Nações Unidas (ONU), o Banco Mundial e muitas outras estão a trabalhar arduamente para ajudar os mais necessitados. [27]Vale a pena mencionar que a erradicação da pobreza extrema, a redução da mortalidade infantil e a luta contra a doença fazem parte dos Objectivos de Desenvolvimento do Milénio (ODM) estabelecidos pelas Nações Unidas.

Do ponto de vista da saúde pública, o principal problema ético no contexto da dimensão socioeconómica é a incapacidade da população de obter cuidados médicos de qualidade em tempo útil. Nos países em que a assistência médica é gratuita, os cidadãos estão mais protegidos. Por outro lado, nos países em que a assistência médica pode ser obtida através do seguro médico do indivíduo, a questão torna-se mais complicada e depende do estatuto socioeconómico do indivíduo. Os regimes de seguro diferem entre si e nem todos os tipos de serviços de saúde estão cobertos, pelo que as pessoas podem não estar totalmente protegidas; as pessoas sem seguro encontram-se

---

[25] OMS, "DAC Guidelines and Reference Series. Poverty and health", (Paris, França: OCDE Serviço das Publicações, 2003) <http://apps.who.int/iris/bitstream/10665/42690/1/9241562366.pdf>

[26] *Ibid.* 5

[27] ONU, Objectivos de Desenvolvimento do Milénio e para além de 2015 < http://www.un.org/millenniumgoals/>

numa situação ainda mais vulnerável. No entanto, a proteção da saúde pública nos países desenvolvidos é de alto nível. Por outro lado, nos países em desenvolvimento e nos países com baixos rendimentos, a proteção da saúde pública não pode ser plenamente implementada e, em muitos casos, depende da ajuda internacional.

Pode concluir-se do que precede que a principal tarefa do Estado é garantir à população o pleno acesso a cuidados de saúde de qualidade. No entanto, nas condições modernas em que as condições económicas determinam o desenvolvimento da maioria das regiões do Estado, a execução desta missão nem sempre é possível. Os medicamentos modernos melhorados e os equipamentos de diagnóstico modernos são frequentemente caros. Quando as pessoas podem escolher, é muito provável que optem pelo tratamento mais cómodo e eficaz. A questão ética que se coloca aqui é a seguinte: pode uma pessoa ter acesso aos mais elevados padrões de cuidados médicos se não dispuser de recursos económicos suficientes? A principal preocupação ética prende-se com o facto de o Estado nem sempre dispor dos meios financeiros necessários para prestar estes cuidados, de modo a que sectores seguros da população possam obtê-los de forma independente. Os documentos internacionais e a legislação de muitos Estados reconhecem o direito humano à saúde; no entanto, na prática, este direito não é totalmente garantido. A outra questão ética que se coloca neste contexto é a seguinte: se uma pessoa não consentir num tratamento efectuado a expensas públicas, ou se a ajuda médica prestada não melhorar o estado do doente, este tem o direito de solicitar outro tipo de tratamento ou mesmo um tratamento no estrangeiro, num país onde a esfera médica esteja mais desenvolvida? Os médicos vêem-se muitas vezes obrigados a encontrar um equilíbrio na procura dos métodos de tratamento mais adequados para os doentes que não dispõem de recursos financeiros que lhes permitam comprar os medicamentos ou os métodos de tratamento mais inovadores e eficazes. O problema da pobreza é agravado quando se trata de doenças incuráveis ou crónicas. De um ponto de vista financeiro, por um lado, o Estado quer melhorar a qualidade de vida dos doentes que sofrem de doenças crónicas e garantir a sua capacidade de trabalhar, mas, por outro lado, o seu tratamento de alta qualidade representa um encargo financeiro que só os países desenvolvidos podem suportar. [28][29][30]Por outras palavras, "os cuidados prestados aos doentes estão agora em concorrência com a solvência financeira das instituições de saúde, e a questão da ética tornou-se mais relevante do que em qualquer outra altura". [30][31][31]Neste contexto, a questão da proteção dos direitos dos doentes, da saúde pública e dos sistemas financeiros está intimamente ligada. Para preservar a saúde da população, é necessário construir hospitais em todas as regiões e fornecer aos estabelecimentos médicos equipamentos de qualidade e medicamentos essenciais. A redução das desigualdades em matéria de cuidados de saúde no seio da população é, por conseguinte, um elemento essencial das considerações éticas relativas à pobreza.

O álcool, o tabagismo e a obesidade são também questões éticas nos cuidados de saúde pública. Vale a pena mencionar que, em muitos casos, o álcool e o tabagismo prevalecem entre os grupos com baixos rendimentos, pelo que esta questão está ligada ao problema da pobreza acima referido. Embora a resolução destes problemas não seja da responsabilidade direta do Estado e, de um ponto de vista jurídico, façam parte dos direitos humanos, constituem uma ameaça significativa do ponto de vista da saúde pública. O tabaco, o álcool e a toxicodependência são causas generalizadas de doença e de morte. A política e a intervenção do Estado para ajudar os fumadores a deixarem de fumar e desencorajar os outros a começar a fumar são elementos importantes dos esforços nacionais para melhorar a saúde e o bem-estar da população.

Sabemos que o tabaco e o álcool não só prejudicam a saúde do consumidor, como também constituem uma ameaça para o público. Fumar, e em particular o

---

[28] Chirantan Chatterjee, Vasanthi Srinivasan, "Ethical issues in health care sector in India", (HR/OB, Indian Institute of Management, Bannerghatta Road, Bangalore, Índia) Disponível em linha a 9 de janeiro de 2013.
< http://www.sciencedirect.com/science/article/pii/S0970389612001231>
[29] Vugar Mammadov, Aytan Mustafayeva, Irina Galayeva, "Os direitos dos doentes em medicina", "Revival
- XXI siècle" (Azerbaijão Statehood e Instituto de Relações Internacionais) Baku, Azerbaijão, №149-150/setembro-outubro 2010. pp.219-231
[30] Vugar Mammadov, Fidan Rustamova, Aris Rustamov, Patients rights as an indicator of health system development", "Bioethics, Medical Ethics and Health Law" UNESCO Chair in Bioethics 9th World Conference. Nápoles, Itália, 19-21 de novembro de 2013, p. 109.
[31] Vugar Mammadov. 10.º Congresso Indo-Pacífico de Medicina Legal e Ciências Forenses, "Patients rights in the health system of Azerbaijan", Noida, Índia, 25-30 de outubro de 2010, p. 149.

próprio fumo, polui o ambiente, pode prejudicar as mulheres grávidas e apresenta outros riscos para a saúde pública. Embora os fumadores declarem o seu direito a fumar, é evidente que a falta de controlo estatal nesta área é inaceitável. Trata-se de uma questão ética, e o tabagismo passivo constitui uma ameaça real para a saúde dos não fumadores. Atualmente, verificamos que, em muitos países, a lei impõe restrições à obtenção de cigarros; muitos países introduziram a prática da proibição de fumar em locais públicos e multas por violação desta restrição, proibições ou restrições à publicidade e promoção de cigarros, maior acesso a terapias de substituição da nicotina. Dada a influência nociva do fumo, a sua regulamentação corresponde, entre outros aspectos, aos interesses não só das pessoas, mas também do ambiente. [33]O artigo 17.º da Declaração Universal sobre Bioética e Direitos Humanos afirma que é da responsabilidade da humanidade proteger o ambiente, a biosfera e a biodiversidade; consequentemente, os factores que podem contribuir para a sua destruição devem ser cuidadosamente observados e evitados.

O álcool representa também uma ameaça para o público, uma vez que as pessoas embriagadas perdem frequentemente o controlo, com consequências que não são apenas médicas, mas também criminais. O exemplo mais claro de uma ameaça pública neste domínio é a condução sob o efeito do álcool, que pode causar dezenas de mortes em todo o país, de acordo com estatísticas perigosas. Por exemplo, "todos os dias, 28 pessoas morrem nos Estados Unidos em acidentes rodoviários envolvendo um condutor sob o efeito do álcool. Ou seja, uma morte a cada 53 minutos. [32]O custo anual dos acidentes relacionados com o álcool é superior a 44 mil milhões de dólares". Consequentemente, a intervenção do Estado nestes domínios representa um problema ético que vai contra as liberdades individuais e a saúde pública. A justificação ética para esta questão reside no equilíbrio entre o risco para o público e o respeito pela liberdade individual. Além disso, uma preocupação ética particular nestas matérias é a de saber se uma pessoa compreende e está consciente dos danos potenciais do tabagismo, do alcoolismo e de outros fenómenos semelhantes, se o governo deve

---

[32] Centros de Controlo e Prevenção de Doenças, "Impaired Driving: Get the Facts", 28 de março de 2016
< http://www.cdc.gov/motorvehiclesafety/impaired_driving/impaired-drv_factsheet.html>

intervir e, em sentido figurado, "impor um estilo de vida saudável".

A obesidade, especialmente entre as crianças, é um grave problema de saúde pública que pode prejudicar as gerações futuras. Sabe-se que a obesidade e o excesso de peso são factores de risco importantes para uma série de doenças crónicas, incluindo a diabetes, as doenças cardiovasculares e o cancro. Atualmente, estes problemas assumiram maior importância não só nos países desenvolvidos, mas também nos países de baixo e médio rendimento. De um ponto de vista económico, a luta contra a obesidade e o excesso de peso é mais difícil para o segmento da população com baixos rendimentos. De acordo com a OMS, a obesidade mais do que duplicou em todo o mundo desde 1980 e, em 2014, mais de 1,9 mil milhões de adultos com 18 anos ou mais tinham excesso de peso. O facto intrigante aqui é que "a maior parte da população mundial vive em países onde o excesso de peso e a obesidade matam mais pessoas do que o baixo peso".[33] Por conseguinte, embora no sentido tradicional a obesidade esteja associada à falta de um estilo de vida saudável e a uma alimentação incorrecta, as estatísticas permitem-nos concluir que mesmo nos países ricos, onde estão reunidas todas as condições necessárias, este problema existe. O desafio ético aqui é determinar quem é responsável pelo problema: o Estado ou o indivíduo? Deverá o Estado implementar medidas restritivas ou obrigatórias para controlar o peso dos seus cidadãos? Aparentemente, não se trata de uma responsabilidade direta do Estado. No entanto, à escala nacional, tal como todos os outros problemas de saúde, as doenças relacionadas com a obesidade, que não são transmissíveis, representam, no entanto, uma séria ameaça. No entanto, é necessário ter em conta o aspeto económico deste problema. As políticas que visam educar a população para corrigir hábitos perniciosos e habituá-la a um estilo de vida saudável falham frequentemente. Este problema é particularmente complexo para os grupos socioeconómicos com baixos rendimentos. Por exemplo, estas pessoas não têm muitas vezes acesso a ginásios ou não estão interessadas em fazer exercício físico; por exemplo, porque trabalham muito, nem sempre têm tempo, energia ou recursos

---

[33] OMS, "Obesity and overweight", ficha informativa n.º 311, actualizada em janeiro de 2015. <http://www.who.int/mediacentre/factsheets/fs311/en/>

financeiros para aplicar as estratégias recomendadas para melhorar a saúde. Em particular, o impacto positivo e a importância de uma dieta saudável e de uma boa alimentação são bem conhecidos, mas, por razões financeiras, os grupos populacionais menos favorecidos nem sempre podem comprar alimentos saudáveis e biológicos e comem frequentemente fast food. A este respeito, podemos concluir que as questões éticas envolvidas neste problema específico da obesidade são complexas.

As questões relacionadas com os grupos populacionais financeiramente desfavorecidos já foram analisadas; no entanto, outros grupos populacionais também necessitam de cuidados especiais, como os idosos, os doentes crónicos e mentais, os refugiados e as pessoas deslocadas internamente, etc. As crianças que vivem em famílias completas e financeiramente privilegiadas estão mais bem protegidas do que as que vivem em condições precárias. Embora os Estados assumam a responsabilidade de cuidar e controlar a proteção dos direitos das crianças, não é possível ter em conta todos os problemas que uma criança pode enfrentar. O dilema ético relativo às crianças diz respeito, em primeiro lugar, ao direito do Estado de privar as pessoas pobres dos seus direitos parentais. É prática comum privar os pais que maltratam ou não cuidam dos seus filhos dos seus direitos parentais. No entanto, será eticamente correto privar aqueles que vivem em condições precárias, a fim de criar um futuro "melhor" para uma criança? A outra questão ética diz respeito à regulação da relação entre o Estado e os pais. Até que ponto pode o Estado interferir com as escolhas dos pais em matéria de cuidados médicos, como a vacinação, ou a recusa de tratamento devido a crenças religiosas ou outras? Deve o Estado obrigar os pais a educar os seus filhos num estilo de vida saudável e, se estes não tiverem recursos financeiros, quem é responsável? A questão do desacordo entre os doentes/famílias e os profissionais de saúde sobre as decisões de tratamento representa um problema ético significativo do ponto de vista médico; no entanto, do ponto de vista jurídico, o Estado não tem o direito de interferir.

A reabilitação, a recreação, a inclusão, a criação de instalações médicas especiais e o desenvolvimento de estratégias de cuidados para grupos populacionais vulneráveis são questões éticas complexas no contexto da proteção da saúde da população. Esta questão tem aspectos jurídicos, médicos e socioeconómicos. Na ausência de pais que prestem cuidados, as populações vulneráveis encontram-se numa situação ainda mais difícil, pelo que a sua proteção pelo Estado se torna necessária. Mesmo que os grupos desfavorecidos tenham familiares, estes nem sempre dispõem de todos os instrumentos necessários para os ajudar. Neste caso, o Estado deve comprometer-se a reduzir as desigualdades em matéria de saúde e a prestar especial atenção à saúde das crianças e de outras pessoas vulneráveis. A Declaração Universal sobre Bioética e Direitos Humanos estabelece normas éticas específicas para estes grupos: "De acordo com a legislação nacional, deve ser dada proteção especial às pessoas que não têm capacidade para consentir...".[34]

A vasta gama de questões éticas complexas no domínio da saúde pública é também atual no Azerbaijão. [35]A Constituição do Estado garante o "direito de todos à saúde", incluindo o direito de viver num ambiente saudável; a proteção da saúde das crianças é particularmente sublinhada. [36]O principal ato legislativo que rege os cuidados de saúde é a Lei da Saúde Pública. Esta lei abrange as principais disposições, incluindo os direitos dos doentes, e reafirma o direito de todos os cidadãos aos cuidados médicos. A desigualdade no nível de tratamento médico entre os diferentes grupos sociais da população é evitada graças à disponibilidade de instituições médicas públicas gratuitas, como as policlínicas. Além disso, em conformidade com numerosos actos jurídicos, os grupos vulneráveis da população, em especial os doentes terminais, recebem medicamentos e assistência médica do Estado. Estas disposições reflectem a essência dos princípios bioéticos universais, como a igualdade, a justiça e a equidade. Atualmente, a aplicação dos princípios bioéticos e a harmonização da legislação nacional são um dos principais objectivos da política interna do Estado. Outras questões conexas dizem respeito à necessidade de melhorar a legislação médica nacional. Por exemplo, a legislação atual sobre os direitos dos doentes, a saúde reprodutiva e outros não existe, o que deixa uma lacuna na regulamentação jurídica de

---

[34] *Ibid.* 5
[35] Constituição da República do Azerbaijão. Web :
http://en.president.az/azerbaijan/constitution (acedido em 09.04.2017)
[36] Ministério da Saúde da República do Azerbaijão. Lei sobre saúde pública. Web:
http://sehiyye.gov.az/ehalinin saqlamliqi qorunmasi haqqinda qanun.html (acedido em: 09.04.2017)

questões relevantes.

Um dos principais objectivos da política do Estado, tal como mencionado no conceito de desenvolvimento, é o desenvolvimento do capital humano e das esferas sociais:

"O conceito dá prioridade à prestação de serviços de saúde e de educação de elevada qualidade à população e à disponibilidade desses serviços para os diferentes grupos sociais, incluindo as famílias com baixos rendimentos e os cidadãos pobres, enquanto linha estratégica".[37]

No entanto, como já foi referido, a principal preocupação do Estado é garantir que os refugiados e as pessoas deslocadas internamente recebam os cuidados de saúde necessários. É de salientar que o problema das diferenças de bem-estar financeiro também se verifica no país. Por exemplo, os segmentos mais abastados da população procuram frequentemente tratamento/medicamentos no estrangeiro se não estiverem disponíveis no país, o que não é acessível aos grupos com baixos rendimentos.

Uma caraterística especial do ensino da ética no Azerbaijão é a existência de um curso sobre "bioética e direito médico" para os estudantes das faculdades de direito, bem como a existência de um código científico de especialização em "bioética" na Academia Nacional de Ciências. Dezenas de estudantes estão atualmente a realizar investigação no domínio da bioética, contribuindo assim para o desenvolvimento desta área no país.

Conclusão

Com base nos dados analisados no artigo, pode concluir-se que a maioria das questões éticas no contexto da proteção da saúde da população está significativamente ligada a factores económicos. Encontrar um equilíbrio entre os factores económicos e a implementação de compromissos para garantir a saúde da população é uma das questões mais difíceis para o Estado. Assegurar o bem-estar de cada indivíduo e da comunidade no seu conjunto e identificar as necessidades de grupos vulneráveis

---

[37] CONCEITO DE DESENVOLVIMENTO "AZERBAIJÃO - 2020: PERSPECTIVAS PARA O FUTURO" web: http://www.president.az/files/future_en.pdf (consultado em 09.04.2017).

específicos são os objectivos estratégicos da política do Estado no domínio da proteção da saúde da população.

A construção de novas instalações médicas, o seu desenvolvimento e apetrechamento com equipamento de ponta e outras questões estão intimamente ligados à economia. A disponibilização das melhorias médicas acima referidas a todos os sectores da população suscita preocupações éticas. Mesmo factores aparentemente independentes, como o problema da obesidade, podem acabar por ter uma componente financeira. Nos tempos modernos, o desenvolvimento de políticas de educação e de proteção e a introdução de programas especiais para satisfazer as necessidades do público exigem uma grande quantidade de recursos humanos e económicos.

A implementação da tarefa estratégica de proteção da saúde pública esbarra frequentemente com o problema da proteção do indivíduo; em alguns casos, os direitos humanos individuais colidem com o bem-estar da sociedade, como foi analisado no artigo sobre o exemplo das doenças infecciosas. Assim, a análise das questões éticas no artigo revelou uma contração entre as percepções éticas e jurídicas, os factores socioeconómicos e o direito humano à saúde, bem como outras considerações. Assim, do ponto de vista jurídico, direitos humanos como o direito à privacidade, à liberdade e à autonomia adquirem considerações adicionais no contexto público, nomeadamente a oposição entre direitos pessoais e bem-estar e segurança públicos. Deste ponto de vista, o Estado que cuida dos seus cidadãos começa a desempenhar o papel de tutor, o que pode potencialmente levar a restrições ou mesmo a violações dos direitos humanos; a admissibilidade de tais restrições é uma questão ética importante.

Dada a complexidade e a diversidade das questões éticas no contexto da proteção da saúde da população, a principal tarefa do Estado, na nossa opinião, é cumprir as suas obrigações em conformidade com a legislação e os instrumentos internacionais, como a Declaração Universal sobre Bioética e Direitos Humanos. Os princípios bioéticos enunciados na Declaração podem ajudar os legisladores e os profissionais de saúde nas condições actuais. No entanto, o Estado não pode prever todos os casos que possam surgir. Neste contexto, é importante a existência de comités ou comissões de ética a nível nacional e institucional. Consideramos que o Estado não deve ficar alheio a questões sociais como a saúde pública. No entanto, a invasão da privacidade e da escolha da pessoa por parte do Estado, apesar dos seus nobres objectivos, deve ser limitada para evitar o controlo total e a violação dos direitos humanos.

2. Cuidados de saúde na República do Azerbaijão: política estatal e legislação

Resumo

Este artigo analisa o recente processo de reforma e a situação atual do sistema de saúde na República do Azerbaijão. São apresentadas as principais orientações da política estatal no domínio dos cuidados de saúde e da legislação. São destacados alguns documentos internacionais, a sua tradução para a legislação nacional e a cooperação com várias organizações neste domínio.

Palavras chave

Azerbaijão; cuidados de saúde; saúde pública; legislação; política de saúde

Introdução

O estado de saúde da população é um indicador do desenvolvimento socioeconómico do país no seu conjunto. O conceito de "cuidados de saúde" está incluído no conceito de "medicina" como uma função social, organizacional e normativa. [40]A melhoria gradual do nível de vida da maioria dos cidadãos do Azerbaijão durante os anos de reformas em grande escala que se seguiram ao colapso da União das Repúblicas Socialistas Soviéticas (URSS) e à restauração da independência em 1991, bem como a crescente estabilidade da sociedade, o nível de cuidados médicos garantidos pela sociedade e a diminuição da taxa de desemprego tiveram um impacto positivo nos indicadores de saúde da população do Azerbaijão.

---

[40] thV., Mammadov e M. Bunyadov, *Programa e Livro de Resumos,* (18.º Congresso Mundial de Direito Médico, Zagreb, Croácia, 8-12 de agosto de 2010) p. 48.

[41]Durante o período soviético, os cuidados de saúde eram administrados de forma unilateral por normas aplicáveis a todos os sindicatos ( ) que não tinham em conta as caraterísticas regionais locais, como os sectores administrativos, as suas infra-estruturas, as patologias específicas do país, o ambiente e as condições sanitárias.[42] Consequentemente, as normas de política interna neste domínio eram praticamente inexistentes. [43]No início dos anos 90, a maior parte dos sectores do país, incluindo os cuidados de saúde, estavam em crise e necessitavam de uma reforma complexa. Os primeiros anos após a restauração caracterizaram-se por um declínio da taxa de crescimento natural da população; as taxas de mortalidade infantil e materna aumentaram.[44] Em 1998, foi criada a Comissão de Estado para a organização e execução das reformas no sector da saúde. Esta comissão elaborou um documento de reflexão sobre a reforma, centrado nos serviços de cuidados de saúde primários, que foi adotado em 1999. A reforma acima referida tinha duas direcções principais: a primeira - modernização do sector da saúde, incluindo a melhoria da legislação; a segunda, caraterística dos países pós-socialistas - a transição de um sistema centralmente planeado e controlado para a introdução de elementos de regulação do mercado. [45]Os objectivos das políticas públicas incluíam a melhoria da qualidade dos serviços médicos e o alargamento dos programas de educação para a saúde e de imunização, a atualização do equipamento médico, o controlo dos factores ambientais que afectam a saúde, o estudo das tendências em matéria de saúde nos países economicamente desenvolvidos e a criação de cuidados de saúde com uma boa relação

---

[41] V. Mammadov, K. Munir e L. Jafarova, "Ciência médica, investigação e ensino superior no Azerbaijão na perspetiva dos desenvolvimentos bioéticos", *Medychneparvo* 2(18) (2016) 18-43, PMCID: PMC5388451.

[42] Portal do Azerbaijão, *Sistema de Saúde Pública no Azerbaijão,* Acedido em 17 de fevereiro de 2017 http://www.azerbaijan.az/ Sosiety/ PublicHealth/ publicHealth e.html .

[43] O sítio Web oficial do Presidente da República do Azerbaijão. *Azerbaijão 2020: Look into the Future' Concept of Development.* Acedido em 3 de março de 2017 http://www.president.az/files/future en.pdf,

[44] Base de dados de legislação eletrónica, Presidente da República do Azerbaijão. *Despacho relativo à aprovação do "Programa Estatal de Redução da Pobreza e Desenvolvimento Económico da República do Azerbaijão em 20032005"* (em azerbaijanês), recuperado em 26 de abril de 2017 http://www.e- qanun.az/alpidata/framework/data/1/c f 1954.htm#b1

[45] V. Mammadov, A. Abbasova, M. Bazigov, I. Mammadov. Protection of public health is in the focus of the state", *Programa e livro de resumos* (Bioethics, Medical Law and Health Law. 10th World Conference of the UNESCO Chair in Bioethics, Jerusalém, Israel, 6-8 de janeiro) (2015) p.19.

custo-eficácia.

2.2 A **estrutura dos cuidados de saúde no Azerbaijão** Os cuidados de saúde
são um conjunto de medidas políticas, económicas, sociais, jurídicas, científicas,
médicas, sanitárias, higiénicas, antiepidémicas e culturais destinadas a preservar e a
reforçar a saúde física e mental de cada pessoa, a manter uma vida longa e ativa e a
prestar cuidados médicos em caso de deterioração da saúde.[46] Neste contexto, a
política de saúde faz parte da política social do Estado.[47] O Ministério da Saúde é a
autoridade sanitária suprema da República, que executa a política de saúde e coordena
as questões conexas. O Ministério da Saúde financia igualmente os institutos de
investigação, as actividades clínicas e os estabelecimentos de ensino médico.

Após a abolição do poder soviético, foi restaurada a independência dos órgãos

da administração local, incluindo o Ministério da Saúde, criado em 1918.[48] De acordo

com os regulamentos, o Ministério da Saúde é o órgão executivo central que

implementa a política estatal no domínio da proteção da saúde pública.[4950] A

Constituição, as leis da República do Azerbaijão, os decretos, as ordens do Presidente

da República do Azerbaijão e do Gabinete de Ministros da República do Azerbaijão,

os acordos internacionais em que a República do Azerbaijão é parte e os regulamentos

do Ministério orientam as suas actividades.

O sistema de saúde pública do Azerbaijão é financiado pelo Estado. O

Ministério das Finanças da República do Azerbaijão prepara e determina o orçamento

do Ministério da Saúde, que é aprovado pelo Milli Majlis (Parlamento). O Ministério

financia os cuidados de saúde e é, por conseguinte, uma parte importante do sistema

de saúde e da política estatal neste domínio. De acordo com a lei sobre o orçamento de

Estado da República do Azerbaijão para 201750, foram afectados mais de 775 milhões

de *manats* (moeda local) aos cuidados de saúde. As despesas com a ciência, a

---

[46] Ministério da Saúde da República do Azerbaijão. Lei da Saúde Pública, 1997 (em azerbaijanês)
Acedido em 25.01.2017 http://sehiyye.gov.az/saqlamlqnn qorunmas haqqnda.html
[47] V. Mammadov, "Health care in Azerbaijan", *World Association for Medical Law Newsletter*
(outubro-dezembro de 2014) 5-7.
[48] Sítio Web oficial do Ministério da Saúde da República do Azerbaijão. "História da saúde".
Recuperado em 10.03.2017 http://www.sehiyye.gov.az/umumi melumat.html (em azerbaijano).
[49] Sítio Web oficial do Ministério da Saúde da República do Azerbaijão. The Statue of the Ministry
of Health" Acedido em 11.03.2017 http://www.sehiyye. gov.az/sehiyye-nazirliyinin-
esasnamesi.html (em azerbaijanês).
[50] Ministério das Finanças. Lei da República do Azerbaijão sobre o Orçamento do Estado para 2017
(em azerbaijanês). Acedido em 23.04.2017 http://www.maliyye.gov.az/sites/default/files/2017-
qanun.pdf

educação, a saúde, a proteção social e outras categorias conexas representaram 32,5% do orçamento total do Estado, incluindo 4,7% para a saúde.[51] As despesas de saúde foram distribuídas da seguinte forma: 47,1% para hospitais, 15% para a manutenção de policlínicas e ambulatórios e 37,1% para a saúde aplicada e outra investigação.[52] As despesas de saúde pública incluem programas e actividades específicas, como a luta contra a insuficiência renal crónica, a talassemia e a hemofilia, o cancro, a diabetes, a vacinação contra as doenças infecciosas, o VIH/SIDA e outras.

2.3 *Estrutura do Ministério da Saúde e da Saúde Pública*

O Decreto n.º 413 do Presidente da República do Azerbaijão, aprovado em 25 de maio de 2006, estabelece os regulamentos do Ministério da Saúde da República do Azerbaijão, definindo as suas áreas de atividade.[53] De acordo com as alterações introduzidas em 2008 nos regulamentos acima referidos, o Ministério tem a seguinte estrutura[54]

1. O gabinete do Ministério da Saúde da República do Azerbaijão (departamentos e sectores) ;

2. A estrutura das instituições do Ministério da Saúde é a seguinte

- Departamento de Saúde da cidade de Baku;

- Departamento de Saúde da Cidade de Ganja;

- Departamento de Saúde da cidade de Sumgayit;

- Centro Republicano de Higiene e Epidemiologia ;

- Centros de higiene e epidemiologia na cidade (distrito), bem como nos transportes marítimos;

---

[51] *Ibid.*

[52] Ministério das Finanças. Lei da República do Azerbaijão sobre o Orçamento do Estado para 2017 (em azerbaijanês). Acedido em 23.04.2017http://www.maliyye.gov.az/sites/default/files/2017-layihe.pdf

[53] Portal da base de dados eletrónica da legislação da República do Azerbaijão. Decreto do Presidente da República do Azerbaijão sobre a aprovação dos regulamentos do Ministério da Saúde da República do Azerbaijão, a estrutura do Ministério e o limite do número de funcionários do aparelho. Obtido em 25.04.2017 http://www.e-qanun.az/alpidata/framework/data/11/c f 11696.htm#edn30 (em azerbaijanês)

[54] *Ibid.*

Inspeção Sanitária e de Quarentena da República.

Cada uma destas unidades da estrutura compreende um certo número de instituições, cerca de 100.[55] Assim, a prestação de diversas actividades e funções médicas é assegurada por instituições de saúde com os seguintes perfis: tratamento profilático, serviço sanitário-epidemiológico, sanatório e estação, exame patológico, forense, psiquiátrico forense, farmácia, ensino-investigação e outros.

As actividades do serviço são as seguintes:

7.1.   participa no desenvolvimento de uma política estatal unificada neste domínio e supervisiona a sua aplicação;

7.2.   prepara diversos programas para o desenvolvimento do sector e supervisiona a sua execução;

7.3.   opera noutros domínios definidos por lei.[5556]

A estrutura da saúde pública é composta pelas autoridades do Estado e pelos municípios, que são responsáveis pela aplicação das decisões e políticas centrais a nível local.[57] As autoridades sanitárias municipais são responsáveis pelas actividades de saúde e higiene, assegurando que a população tenha acesso ao volume garantido de assistência médica e social. Assim, as policlínicas - instituições médicas que prestam cuidados médicos gratuitos aos cidadãos - são de importância municipal.

No Azerbaijão, tal como na maioria dos antigos países soviéticos, é aplicado o princípio da divisão dos cuidados de saúde públicos. De acordo com este princípio, os centros médicos (policlínicas) situados em territórios administrativos determinados pelo Estado servem de base para o controlo da saúde da população.

O sector privado está presente no país sob a forma de instituições médicas,

---

[55] *Ibid.*
[56] *Ibid.*
[57] V. Mammadov, *Bioethics, Medical Law and New Technologies* (Instituto de Direito e Direitos Humanos, Academia Nacional de Ciências, 2013) 358

preventivas e farmacêuticas privadas.

O funcionamento dos estabelecimentos médicos privados no sistema de saúde está sujeito à legislação nacional e é regulamentado pelo Ministério da Saúde.

2.4 Política e legislação do Estado

A lei suprema do país - a Constituição - consagra a responsabilidade do Estado (governo) de proteger o bem-estar de todos os cidadãos, incluindo a proteção social e condições de vida adequadas, bem como o desenvolvimento dos cuidados de saúde (artigo 16.º).[58] Além disso, a vida num ambiente saudável, que é parte integrante da saúde pública, é protegida pelo artigo 39.º - o direito a viver num ambiente saudável.

A política de saúde do Estado baseia-se no artigo 41.º (direito à proteção da saúde) da Constituição, que estabelece o seguinte

- Todas as pessoas têm direito à proteção da sua saúde e à assistência médica;
- O Estado toma todas as medidas necessárias para desenvolver várias formas de cuidados de saúde para diferentes tipos de propriedade, garante a segurança sanitária e epidemiológica e cria oportunidades para diferentes tipos de seguros de saúde;
- Os funcionários públicos que ocultem factos e casos que envolvam ameaças à vida e à saúde são processados nos termos da lei.

A missão do Ministério da Saúde, à luz da aplicação das garantias constitucionais e dos direitos dos cidadãos da República do Azerbaijão com base na legislação, consiste em melhorar o nível e a qualidade de vida dos cidadãos, contribuir para a melhoria da situação demográfica e reforçar a proteção social dos grupos vulneráveis da população.

---

[58] Constituição da República do Azerbaijão, 2003. *Jornal "Azerbaijão"*, 3 de agosto, n.º 176 (em azerbaijanês).

[59]A lei de base em matéria de cuidados de saúde é a lei sobre a proteção da saúde da população da República do Azerbaijão. Esta lei foi adoptada em 1997 e inclui dez (10) capítulos e 62 artigos.[60] Rege as relações entre os organismos estatais e os cidadãos no domínio da proteção da saúde pública, bem como os sujeitos do sistema de cuidados de saúde público e privado. De acordo com a lei, os princípios fundamentais da saúde pública são os seguintes

- a garantia pelo Estado dos direitos do indivíduo e do cidadão no domínio da proteção da saúde pública e da responsabilidade das pessoas singulares e colectivas neste domínio;
- aplicar medidas preventivas para proteger a saúde pública;
- a possibilidade de assistência médica e social para todos ;
- proteção social dos cidadãos durante a perda de capacidade de trabalho.[61]

A lei reflecte os direitos dos cidadãos e dos estrangeiros à proteção da saúde e à assistência médico-social, ao planeamento familiar, à peritagem médica e às responsabilidades das partes envolvidas, bem como os deveres e garantias do Estado na organização do sistema de saúde.

Há várias leis que regem questões de saúde pública específicas:

- Saúde e bem-estar epidemiológico da população ;
- Seguro médico ;
- Nutrição para recém-nascidos e bebés;
- Direitos das crianças ;
- Produtos e actividades farmacêuticas ;
- Consultório médico privado ;
- Dádiva de sangue, componentes sanguíneos e serviços para dadores de sangue;

---

[59] V Mammadov, "Bioethics-Azerbaijan". in R.G.Beran, *Legal and Forensic Medicine,* (SpringerVerlag Berlin Heidelberg, 2013) pp. 1071-1115 DOI 10.1007/978-3-642-32338-6_44.

[60] Base de dados eletrónica da legislação da República do Azerbaijão. Lei sobre a proteção da saúde da população. (em azerbaijanês) Acedido em 10.03.2017 http://www.e-qanun.az/framework/4078

[61] *Ibid.*

- Cuidados públicos para doentes com doenças hereditárias como a hemofilia e a talassemia;
- Cuidados públicos para doentes com diabetes;
- Ajuda para a oncologia ;
- Assistência psiquiátrica à população ;
- Cuidados públicos para pessoas com esclerose múltipla ;
- Serviço e controlo de estupefacientes ;
- Controlo da tuberculose no Azerbaijão ;
- Prevenir a propagação do VIH no Azerbaijão ;
- Prevenção imunitária das doenças infecciosas ;
- Iodização com cloreto de sódio para prevenção em massa da carência de iodo ;
- Transplantação de órgãos e tecidos humanos ;
- Proteção contra radiações ;
- Tráfico de estupefacientes, substâncias psicotrópicas e seus precursores;
- Reservas naturais de tratamento, sítios de tratamento e de reabilitação.

Para além das leis, a função reguladora é também cumprida por numerosos decretos e decisões do Ministério da Saúde, como o decreto sobre a melhoria do trabalho no domínio das estatísticas médicas, a melhoria dos serviços de saúde mental para crianças nas regiões da República e outros.[62]

A reforma do sistema de saúde está a progredir gradualmente através da implementação de numerosos programas públicos. O conceito de reforma da saúde e de seguro médico obrigatório foi adotado em 10 de janeiro de 2008.[63] De acordo com este conceito, a reforma do financiamento da saúde visa criar novos princípios económicos, melhorar o acesso aos cuidados de saúde e utilizar os fundos públicos de forma mais eficiente para melhorar a qualidade dos cuidados de saúde; o Estado está

---

[62] Sítio Web oficial do Ministério da Saúde da República do Azerbaijão. Despachos e decisões do Ministério da Saúde. (em azerbaijanês). Acedido em 07.04.2017 http://www.sehiyye.gov.az/sehiyye nazirliyinin emrleri-v-qrarlar.html

[63] Ministério da Saúde da República do Azerbaijão. Guia das regras relativas aos actos legislativos que regem as actividades do Ministério da Saúde. Baku-2015 (em azerbaijanês)

empenhado em prestar serviços de saúde gratuitos financiados pelo orçamento, mas os cuidados de saúde garantidos pelo Estado não são universais e alguns dos serviços têm de ser pagos pelos cidadãos.[64] A reforma fez com que a saúde pública passasse de um sistema estatal centralizado para um sistema de seguros parcialmente financiado pelo Estado e pelos cidadãos. Por exemplo, desde 2016, as regiões de Mingachevir e Yevlakh foram escolhidas como zonas-piloto para a implementação do seguro de saúde obrigatório.[65]

Uma das estruturas envolvidas na reforma dos cuidados de saúde é o Centro de Saúde Pública e Reforma do Ministério da Saúde da República do Azerbaijão, criado em 2006. De acordo com os regulamentos, o Centro participa na formulação e implementação da política estatal unificada sobre a proteção da saúde da população, assegura a organização dos serviços de saúde pública, desenvolve propostas para transformações neste domínio, implementa reformas nos cuidados de saúde primários e outros. [66][67]Numerosos projectos, como a "criação de escolas de diabetes" e o "desenvolvimento da estratégia nacional de controlo do tabaco", foram já implementados pelo Centro. O financiamento do Centro a partir do orçamento do Estado e o seu funcionamento no âmbito da autoridade sanitária suprema são indicadores do interesse e do apoio do Estado. No entanto, a mudança do atual sistema de saúde pública levará tempo, tal como a reorganização de todo o sistema de saúde.

A cooperação internacional e as normas desenvolvidas neste âmbito têm um impacto na política de saúde. O Azerbaijão é membro da Organização das Nações Unidas (ONU), da Organização Mundial de Saúde (OMS), do Conselho da Europa, da Comunidade de Estados Independentes e de outras organizações.

As questões da saúde e dos direitos humanos relacionados com a saúde

---

[64] Decreto do Presidente da República do Azerbaijão sobre o conceito de reforma da saúde e seguro médico obrigatório. Baku, 10 de janeiro de 2008.№ 2620 (em azerbaijanês)

[65] Sítio Web oficial da Agência Estatal de Seguro Médico Obrigatório no âmbito do Gabinete de Ministros do Azerbaijão (em azerbaijanês) Acedido em 17.02.2017 http://its.gov.az/az/media/press-reliz/ming-cevir-h-ri-v-yevlax-rayonu-pilot-razil-r-olaraq-secildi-1/

[66] Sítio Web oficial do Centro de Saúde Pública e Reforma do Ministério da Saúde. Regulamentos do Centro de Saúde Pública e Reformas do Ministério da Saúde da República do Azerbaijão. Acedido em 13.03.2017 https://isim.az/en/pages/29-Regulations

[67] Sítio Web oficial do Centro de Saúde Pública e Reforma do Ministério da Saúde. Projectos. Acedido em 27.03.2017 https://isim.az/en/prqject/27-Prpjects

baseiam-se em princípios universais consagrados na Declaração Universal dos Direitos do Homem, na Constituição da OMS e noutros documentos internacionais relacionados. [68]O direito à saúde consagrado na Declaração Universal dos Direitos do Homem está refletido no artigo 41° da Constituição.

[69]As disposições consagradas nos instrumentos internacionais, como o artigo 12.° do Pacto Internacional sobre os Direitos Económicos, Sociais e Culturais: "o direito de toda a pessoa a gozar do melhor estado de saúde física e mental que é possível atingir", estão reflectidas na legislação do país - a Constituição e numerosas normas jurídicas. Por exemplo, o artigo 12° da Constituição - O objetivo prioritário do Estado - estabelece que

I. Garantir os direitos e liberdades dos indivíduos e dos cidadãos, bem como condições de vida dignas para os cidadãos da República do Azerbaijão, é o objetivo supremo do Estado.

II. [70]Os direitos e liberdades de uma pessoa e de um cidadão enunciados na presente Constituição serão aplicados em conformidade com os tratados internacionais de que a República do Azerbaijão é parte.

[71]O Acordo de Parceria e Cooperação entre a União Europeia (ONU) e o Azerbaijão (APC, 1999) estabelece uma série de requisitos no domínio social.

desenvolvimento e saúde. O APC foi igualmente alargado à Política Europeia de Vizinhança (PEV). O Azerbaijão aderiu ao Plano de Ação (PA) em 2004. O Plano de Ação inclui, entre outras, disposições relativas à saúde:

---

[68] ONU, Declaração Universal dos Direitos Humanos. Acedido em 02.04.2017
http://www.un.org/en/universal-declaration-human-rights/
[69] Gabinete do Alto Comissário das Nações Unidas para os Direitos Humanos. Pacto Internacional sobre os Direitos Económicos, Sociais e Culturais, 1966 Acedido em 09.04.2017
http://www.ohchr.org/EN/ProfessionalInterest/Pages/CESCR.aspx
[70] A Constituição da República do Azerbaijão. Jornal "Azerbaijão", 12 de outubro de 2016, № 224 (em azerbaijanês).
[71] Comissão Europeia. Acordo de Parceria e Cooperação. Volume 2104, I-36574 Acedido em 29.04.2017: https://eeas.europa.eu/headquarters/headquarters-homepage en

- Prosseguir a reforma do sector da saúde, melhorar a qualidade, a cobertura e a eficácia, e introduzir sistemas de gestão eficazes;
- Maior alinhamento pelas normas da UE no domínio da política social (igualdade entre homens e mulheres, direito do trabalho e saúde e segurança no trabalho).
- Promover a utilização e a troca de pontos de vista sobre as novas tecnologias e os meios de comunicação electrónicos por parte das empresas, das autoridades públicas e dos cidadãos em domínios como a saúde em linha.[72]

O artigo 4.7.2 do plano de ação estabelece os requisitos para a prossecução da reforma no sector da saúde. A reforma do sistema de saúde, em conformidade com as disposições do plano de ação, está a ser implementada em várias direcções, como o desenvolvimento de sistemas electrónicos (eHealth).

Atualmente, o documento que define a política e a reforma do Estado na saúde pública e noutros domínios é o conceito de desenvolvimento "Azerbaijão 2020: Olhando para o Futuro", aprovado por decreto do Presidente da República do Azerbaijão em 2012. Este conceito tem como objetivo fazer do Azerbaijão um país com um capital humano altamente desenvolvido, oferecendo vastas oportunidades a todos os cidadãos e outros. O ponto 7 do conceito dá prioridade ao "desenvolvimento do capital humano e à criação de um sistema de segurança social eficaz".[73] Este número define objectivos para o sistema de saúde, a melhoria da segurança social, a educação moderna, o desenvolvimento do potencial dos jovens e do desporto, a igualdade entre homens e mulheres e o desenvolvimento da família. O texto afirma: "...a prestação de serviços de saúde e de educação de elevada qualidade à população e a disponibilidade destes serviços para os diferentes grupos sociais, incluindo as famílias com baixos rendimentos e os cidadãos pobres, constituem uma linha estratégica".[74]

A ênfase na criação de condições equitativas para todos, incluindo os pobres,

---

[72] Comissão Europeia. Plano de ação UE/Azerbaijão. Retirado em 26.04.2017
https://eeas.europa.eu/sites/eeas/files/azerbaijan enp ap final en.pdf
[73] *supra* nota 4
[74] *supra* nota 4

indica que a estratégia do Estado dá prioridade aos direitos dos cidadãos consagrados na Constituição e em instrumentos internacionais, como a Constituição da OMS acima referida. Estes objectivos correspondem igualmente aos princípios da Declaração Universal sobre Bioética e Direitos Humanos, tais como o artigo 10º - Igualdade, Justiça e Equidade - e o artigo 14º - Responsabilidade Social e Saúde.[75] Além disso, o conceito sublinha a importância da proteção do ambiente como fator de garantia da saúde da população, o que reflecte o princípio bioético da proteção do ambiente, da biosfera e da biodiversidade.[76]

Duas das orientações para as actividades no âmbito do conceito (n.º 7) são: o desenvolvimento de um seguro de saúde obrigatório e a introdução de serviços electrónicos.

A Lei do seguro médico da República do Azerbaijão foi adoptada em 2008.[77] Contém disposições relativas ao seguro médico, aos contratos neste domínio, aos direitos e deveres do segurado, às questões financeiras, às actividades das companhias de seguros, à prática das instituições médicas no âmbito do sistema de seguro médico, entre outras. Por lei, existem duas formas de seguro de saúde: o seguro obrigatório e o seguro voluntário.

1) O seguro obrigatório, que faz parte do sistema de segurança social do Estado, garante à população uma assistência médica e farmacêutica de montante adequado, em conformidade com o programa de seguro de doença obrigatório;

2) O seguro de saúde voluntário fornece à população serviços médicos suplementares e outros serviços não previstos no programa de seguro de saúde obrigatório, com base

---

[75] O sítio oficial da UNESCO. Declaração Universal sobre Bioética e Direitos Humanos, 2005. Acedido em 19 de março de 2017
http://unesdoc.unesco.org/images/0014/001461/146180E.pdf
[76] Sítio Web oficial das Nações Unidas. Declaração Universal sobre Bioética e Direitos Humanos, 2005. Recuperado de
4 May2017 http://unesdoc.unesco.org/images/0014/001461/146180E.pdf
[77] Lei dos Seguros da República do Azerbaijão. web :
https://atasigorta.az/uploads/filemanager/qanunvericilik/tibbi sigorta.pdf (em azerbaijanês).
Acedido em 5 de fevereiro de 2017

num seguro de saúde voluntário.[78][79]

O conceito acima referido implica a criação de registos electrónicos, a prestação de serviços electrónicos, um sistema único de informação sobre saúde e a introdução de um "cartão de saúde eletrónico". É de referir que o "Programa Estatal para o Desenvolvimento das Tecnologias da Comunicação e da Informação na República do Azerbaijão em 2005-2008" (Azerbaijão Eletrónico) foi adotado em 2005[79] . O ponto 7.3.11 do plano de medidas para a execução do programa prevê a criação e aplicação de um "sistema de cartão de saúde eletrónico para os cidadãos".[80] Apesar da adoção deste projeto, a sua aplicação ainda não foi concluída e a maior parte da população não dispõe destes cartões.

[81]O centro de informação sanitária do Ministério da Saúde foi criado em 2010. O centro também funciona como um recurso em linha que fornece uma série de serviços, como o pedido de instituições médicas ambulatórias para prestar serviços ao domicílio ou o registo eletrónico para uma visita ao médico. No entanto, o sistema eletrónico ainda está em desenvolvimento e oferece apenas um número limitado de serviços. Além disso, a utilização dos serviços electrónicos não é popular entre a população, em especial a que vive longe do território da capital. A este respeito, são necessárias medidas adicionais para a educação neste domínio.

A Associação Médica do Azerbaijão é membro da Associação Médica Mundial (WMA). [82][83]Por conseguinte, as disposições relativas a cuidados de saúde de elevada qualidade promovidas no âmbito da Associação, tais como o "desenvolvimento de sistemas de saúde integrados em que a saúde pública e a saúde individual", são

---

[78] *Ibid.*

[79] Ministério das Comunicações e das Altas Tecnologias da República do Azerbaijão Acedido em 1 abril de 2017 http://www.mincom.gov.az/activity/information-technologies/e-government/

[80] Ministério da Saúde Centro de Informação sobre Saúde Acedido em 25 de abril de 2017 http://www.e- health.gov.az/en/s/ 12/Electronic+Health+Card+System+of+Citizens

[81] Centro de Informação sobre Saúde do Ministério da Saúde. Recuperado em 11 de abril de 2017 http://www.e- health.gov.az/

[82] Associação Médica Mundial. Membros. Acedido em 25 de abril de 2017 https://www.wma.net/who-we- are/members/

[83] Associação Médica Mundial. Saúde pública. Cuidados de saúde e promoção da saúde dirigidos a toda a população. Acedido em 21 de abril de 2017 https://www.wma.net/what-we-do/public-health/

aplicadas no Azerbaijão.

2.5 Algumas estatísticas

As reformas, a legislação e a aplicação das políticas públicas acima mencionadas já produziram resultados positivos. Por exemplo, de acordo com dados do início de 2016, foram construídas, reparadas e restabelecidas mais de 600 unidades de saúde, com um total de 559 hospitais, 1.750 ambulatórios, 79 ambulâncias, 387 clínicas pré-natais, ambulatórios infantis e ambulatórios, 68 sanatórios e casas de repouso, com 32,5 mil médicos e 54,9 mil paramédicos.[84] Graças à melhoria da saúde pública, os indicadores demográficos aumentaram: a esperança de vida passou de 72,4 para 75,2 anos nos últimos dez anos, a taxa de mortalidade infantil por 1 000 nados-vivos baixou de 11,9 para 11,0, a taxa de mortalidade materna baixou de 30,2 para 14,4 e doenças como a rubéola, a malária e o sarampo foram eliminadas (2015). [85]

Conclusão

Atualmente, o sistema de saúde pública do Azerbaijão encontra-se num período de transição, caracterizado pela reforma do financiamento da saúde, pela introdução de serviços electrónicos, pelo sistema de seguros, etc. A reforma baseia-se numa legislação que é actualizada e completada em função das novas necessidades. A reforma baseia-se numa legislação que é actualizada e completada em função das novas necessidades. A cooperação internacional e os documentos adoptados no âmbito das organizações de que o Azerbaijão é membro desempenham um papel importante, na medida em que a adesão impõe ao país obrigações e requisitos relevantes. Neste contexto, o financiamento da saúde e as políticas públicas são importantes. Garantir a saúde dos cidadãos é do interesse não só da população em geral, mas também do

---

[84] Departamento Administrativo do Presidente da República do Azerbaijão. Biblioteca Presidencial. *Azerbaijão independente. Saúde pública.* Acedido em 01.05.2017 http://republic.preslib.az/en c7-4.html
[85] *Ibid.*

Estado. O investimento nos cuidados de saúde tem duas funções económicas: 1) ajuda a alcançar os principais objectivos de uma nação, nomeadamente o nível de saúde mais elevado possível; 2) beneficia a mão de obra, aumentando a eficiência da economia.

O objetivo estratégico do desenvolvimento da saúde é melhorar os indicadores básicos de saúde pública, tais como a redução da taxa de mortalidade geral, das taxas de mortalidade materna e infantil, a redução da incidência de doenças socialmente significativas, a redução do nível de incapacidade devido às principais doenças e o aumento do indicador da esperança média de vida.

O sistema de saúde pública do Azerbaijão sofreu recentemente alterações substanciais. É necessário ter em conta que, após a restauração da independência em 1991, o Azerbaijão enfrentou dificuldades financeiras e esteve em estado de guerra, o que prejudicou o seu desenvolvimento. O processo de reforma leva muito tempo e exige a reestruturação de muitas áreas e a atualização da legislação. Por conseguinte, atualmente, a política do Estado visa estabelecer cuidados de saúde modernos com elevados padrões de serviços médicos para proteger a saúde da população, em conformidade com a estratégia de desenvolvimento a longo prazo.

3. Política estatal da República do Azerbaijão no domínio da proteção da saúde pública e medida em que os princípios bioéticos são tidos em conta na legislação nacional

[86]A política de saúde pública pode ser definida como "as decisões, os planos e as acções que são tomadas para atingir objectivos de saúde específicos na sociedade". [87]De acordo com a Organização Mundial de Saúde (OMS), a política de saúde pode atingir vários objectivos: define a visão do futuro; descreve as prioridades e os papéis esperados dos diferentes grupos; cria consensos e informa as pessoas , cumprindo assim uma tarefa educativa.

A proteção da saúde pública é uma das prioridades da estratégia de desenvolvimento do Azerbaijão moderno. As questões relacionadas com a proteção da saúde pública são regidas por normas legislativas que protegem os direitos humanos, em especial o direito à saúde. O percurso político do país está estreitamente ligado à legislação, uma vez que são as normas jurídicas que regem a aplicação das decisões tomadas a nível político. [88]As normas legislativas, por sua vez, baseiam-se em princípios e normas internacionais, como os princípios universais de bioética. [89]É também de salientar que a lei fundamental do país - a Constituição - é a base da política do Estado, da legislação sobre a proteção da saúde pública, que afirma que "garantir os direitos e liberdades de uma pessoa e de um cidadão, um nível de vida decente para os cidadãos da República do Azerbaijão é o objetivo mais elevado do Estado" .

---

[86] Organização Mundial de Saúde. *Política de saúde.* web: http://www.who.int/topics/health policy/en/ acedido em 2 de maio de 2017
[87] *Ibid.*
[88] NAÇÕES UNIDAS. Declaração Universal sobre Bioética e Direitos Humanos.
http://www.un.org/ru/documents/decl conv/declarations/bioethics and hr.shtml (consultado em 03.03.2017)
[89] *Ibid.*

[90]No Azerbaijão, existe uma política clara de fornecimento e apoio ao acesso a serviços médicos para todos os cidadãos, bem como um seguro médico universal. Este sistema garante o direito igual de todos os cidadãos a receberem cuidados médicos e cria condições para excluir a falta de cuidados médicos para grupos de cidadãos com baixos rendimentos/vulneráveis. A existência de um seguro público universal garante a aplicação de normas internacionais, como o direito à saúde e à segurança social. Por exemplo, o artigo 25.º da Declaração Universal dos Direitos do Homem afirma que:

"(1) Toda a pessoa tem direito a um nível de vida suficiente para lhe assegurar e à sua família a *saúde* e *o bem-estar*, incluindo a alimentação, o vestuário, o alojamento, a *assistência médica* e os serviços sociais necessários, bem como o direito à segurança no desemprego, na doença, na invalidez, na viuvez, na velhice ou noutros casos de perda de meios de subsistência em circunstâncias independentes da sua vontade".[91]

[92]Além disso, a garantia da prestação de cuidados médicos, consagrada na legislação, é um reflexo direto dos princípios bioéticos da igualdade, da justiça e da equidade (artigo 10.º) e da responsabilidade social e da saúde (artigo 14.º) . [93]A adesão e o "respeito" pelos direitos humanos e pelas liberdades fundamentais não é apenas um dos princípios bioéticos fundamentais consagrados na Declaração Universal sobre Bioética e Direitos Humanos, mas também a base de todos os instrumentos jurídicos internacionais. Este princípio tem sido amplamente refletido na legislação do Azerbaijão, principalmente na Constituição; é este princípio que está na base da política do Estado. [94]Um exemplo notável é o "Programa de ação nacional para reforçar a proteção dos direitos humanos e das liberdades na República do Azerbaijão", adotado em 2011. Os pontos 2.7, 2.11 e 4.18 deste programa abordam

---

[90] OMS. Sistemas de saúde. *Cobertura universal de saúde.* web :
http://www.who.int/healthsystems/universal health coverage/en/ (acedido em 21.04.2017)
[91] *Ibid.*
[92] NAÇÕES UNIDAS. Declarações. Declaração Universal sobre Bioética e Direitos Humanos.
http://www.un.org/ru/documents/decl conv/declarations/bioethics and hr.shtml (consultado em 20.02.2017)
[93] Ibid.
[94] Sítio Web oficial do Presidente do Azerbaijão, Ilham Aliyev. Programa Nacional de Ação para o Reforço da Proteção dos Direitos Humanos e das Liberdades na República do Azerbaijão. http://en.president.az/articles/4017 (acedido em 01.05.2017).

diretamente questões relacionadas com a proteção da saúde pública em várias áreas. [95]Por exemplo, o ponto 2.7 - "Ampla divulgação entre a população, especialmente crianças e jovens, de um ambiente saudável e de um estilo de vida saudável, implementação de medidas para a reabilitação de toxicodependentes, alcoólicos e pessoas infectadas com VIH/SIDA" reflecte vários princípios bioéticos universais: igualdade, justiça e equidade (art. [96]10), não discriminação e não estigmatização (art. 11), responsabilidade social e saúde (art. 14), proteção do ambiente, da biosfera e da biodiversidade (art. 17) .

O artigo 41.º (Direito à proteção da saúde) da lei suprema da República do Azerbaijão - a Constituição - estabelece

"I. Todas as pessoas têm direito à saúde e aos cuidados médicos.

II. O Estado deve tomar as medidas necessárias para desenvolver *todos os tipos de* operações *de cuidados de saúde* com base em vários tipos de propriedade, garantir a saúde e o bem-estar epidemiológico, criar oportunidades para várias formas de seguro médico".[97]

[98][99][100][101]A análise deste artigo mostra que ele reflecte as disposições em matéria de proteção da saúde previstas na Declaração Universal dos Direitos do Homem (artigo 25.º), na Declaração Universal sobre Bioética e Direitos do Homem, no Pacto Internacional sobre os Direitos Económicos, Sociais e Culturais (artigo 12.º), na Carta da Organização Mundial de Saúde e em muitos outros documentos internacionais.

O direito é um instrumento de saúde pública que desempenha um papel crucial na redução das doenças e das mortes prematuras. [102]O direito da saúde considera os

---

[95] Sítio Web oficial do OMBUDSMAN, o Comissário para os Direitos Humanos da República do Azerbaijão http://www.ombudsman.gov.az/az/view/pages/9 (acedido em 15.04.2017) (em Az.)
[96] *Ibid.*
[97] Sítio Web oficial do Presidente da República do Azerbaijão. A Constituição da República do Azerbaijão. http://en.president.az/azerbaijan/constitution (acedido em 16.03.2017)
[98] Declaração da ONU. Declaração Universal dos Direitos do Homem (consultado em 03.05.2017)
[99] *Ibid.*
[100] ONU, Pacto Internacional sobre os Direitos Económicos, Sociais e Culturais. (consultado em 03.05.2017)
[101] OMS. Constituição da Organização Mundial de Saúde во3.
http://apps.who.int/gb/bd/PDF/bd48/basic-documents-48th-edition-ru.pdf?ua=1#page=9 (acedido em 08.05.2017)
[102] Centros de Controlo e Prevenção de Doenças. Lei da saúde pública: uma ferramenta para abordar

poderes do governo a diferentes níveis de jurisdição para melhorar a saúde da população dentro dos limites e normas da sociedade. Em geral, o direito da saúde atribui questões jurídicas à prática da saúde pública e ao impacto da prática jurídica na saúde pública. Neste contexto, a política do Estado em matéria de proteção da saúde pública abrange: a garantia da ordem pública, a prevenção (medidas preventivas) da morbilidade e a lei sobre a proteção da saúde, bem como um vasto quadro legislativo ligado a determinados domínios que afectam diretamente a saúde. A importância da proteção do ambiente, dos recursos hídricos, dos géneros alimentícios, etc., é evidente quando se trata da saúde da população. é evidente quando se trata da saúde da população. [103]Por conseguinte, foi reflectida nas leis e actos jurídicos pertinentes, como a Lei da República do Azerbaijão sobre a proteção do ambiente . A proteção da ordem pública pelas estruturas competentes (como a polícia) tem a função de proteger a saúde pública contra actos criminosos, tais como infecções em massa ou a propagação de substâncias tóxicas - bioterrorismo, etc.

[104]No que diz respeito aos cuidados de saúde, ou à proteção da saúde pública, é de notar que existem abordagens tradicionais e modernas para compreender o que estes englobam. [105]Tradicionalmente, as principais tarefas dos cuidados de saúde são: prevenir a propagação de doenças infecciosas, assegurar o saneamento e a segurança dos recursos de água potável, tomar medidas sanitárias e epidemiológicas e ajudar os grupos com baixos rendimentos e vulneráveis. No entanto, à medida que a compreensão da proteção da população se alarga, surgem novos desafios neste domínio que anteriormente eram irrelevantes ou nem sequer existiam, tais como a luta contra a obesidade, os problemas de proliferação de armas, o bioterrorismo, a modificação genética dos produtos, a maternidade de substituição, a clonagem, a inseminação artificial, etc. É de salientar que a maioria destes desafios ainda não foi

preocupações de saúde emergentes.
https://www.cdc.gov/cdcgrandrounds/archives/2016/december2016.htm (27.03.2017)
[103] Base de dados eletrónica da legislação do Azerbaijão. Lei da República do Azerbaijão sobre a proteção do ambiente. http://www.e-qanun.az/framework/3852 (08.04.2017) (em Az.)
[104] ed. James W. Holsinger Jr., Contemporary Public Health: Principles, Practice and Policy. Lexington, Ky : University Press of Kentucky, 2013 / 301 p.
[105] thBernard J. Turnock, Public Health:What it is and How it works. 6 edition. Jones & Bartlett Learning, 2015 / 475 pp.

abordada. Note-se que a maior parte destes desafios são analisados como problemas bioéticos.

Os princípios fundamentais da política de saúde pública foram formulados na Lei da Saúde Pública (Lei da Proteção da Saúde Pública), adoptada em 1997. [106]Esta lei, baseada nas disposições da Constituição e nas normas jurídicas internacionais, define os princípios básicos da proteção da saúde pública, os deveres do Estado, a organização do sistema de saúde pública, os direitos dos cidadãos, dos estrangeiros e dos apátridas neste domínio, etc. De acordo com a lei, os princípios básicos da proteção da saúde pública são os seguintes

- Garantias do Estado para assegurar os direitos humanos e as liberdades no domínio da proteção da saúde pública e da responsabilidade individual;
- Aplicação de medidas preventivas no domínio da saúde pública ;
- Disponibilidade de assistência médica e social para todos;
- [107]Proteção social dos cidadãos em caso de perda de saúde .

A estreita relação entre a legislação e a aplicação das políticas públicas está reflectida na lei acima referida. Este facto está em conformidade com as normas jurídicas internacionais acima mencionadas, tais como os princípios consagrados nas declarações das Nações Unidas.

Além disso, a Lei da Saúde Pública de 1997 define as obrigações do Estado no domínio da proteção da saúde pública:

- *Determinar a base da política do Estado no domínio da saúde pública e da proteção dos direitos e liberdades dos indivíduos e dos cidadãos;*
- desenvolver e aplicar programas nacionais de proteção da saúde;
- estabelecer regras para a organização e o funcionamento do sistema de saúde;
- financiamento dos sistemas de saúde ;
- [108]proteger o ambiente, garantir a segurança ambiental .

---

[106] Base eletrónica de legislação. Lei da República do Azerbaijão sobre a proteção da saúde pública (em az.) Http://www.e-qanun.az/framework/4078 (acedido em 08.04.2017).
[107] Ibid.
[108] Ibid.

Por conseguinte, a lei reflecte muitos princípios bioéticos. [109]As responsabilidades do Estado no domínio da proteção da saúde pública, acima mencionadas, reflectem os princípios - Proteção do ambiente, da biosfera e da biodiversidade e Responsabilidade social e saúde .

[110]Os princípios universais de bioética relacionados com a justiça e a igualdade de direitos estão também reflectidos no artigo 10º (Capítulo III) da Lei, que estabelece que "os apátridas com residência permanente na República do Azerbaijão têm os mesmos direitos que os cidadãos da República do Azerbaijão no domínio da proteção da saúde pública" .

O artigo 12.º (capítulo III) da Lei da Saúde Pública reflecte plenamente os direitos consagrados no artigo 25.º da Declaração Universal dos Direitos do Homem: "Os cidadãos têm direito a receber assistência médica e social em caso de doença, invalidez e outros casos. [111][112]É de salientar que a lei estabelece garantias para a implementação da assistência médica e social aos cidadãos (capítulo VI), que reflectem medidas de importância vital para a saúde: cuidados de saúde primários (artigo 32.º), cuidados médicos de emergência (artigo 33.º), assistência médica e social aos cidadãos que sofrem de doenças socialmente perigosas (artigo 35.º).

[113]O Decreto do Gabinete de Ministros da República do Azerbaijão (n.º 83) de 2010 sobre as "Regras para a realização de investigação científica sobre medicamentos, investigação pré-clínica e ensaios clínicos" reflecte em grande medida os princípios bioéticos. Embora este decreto não esteja diretamente ligado à proteção da saúde pública, a sua importância para o desenvolvimento do sector médico no país é óbvia. A investigação clínica é a base para o desenvolvimento de novos medicamentos - um elemento integral para garantir a saúde da população. Por

---

[109] Nota 21 *supra*

[110] Nota 21 *supra*

[111] Lei da República do Azerbaijão n.º 206-VQD, de 15 de abril de 2016 (jornal "Azerbaijão", 1 de maio de 2016, n.º 93, Coletânea de actos legislativos da República do Azerbaijão, 2016, n.º 4, artigo 658.º) (em az.).

[112] Nota 2 *supra*

[113] Sítio Web oficial do Gabinete de Ministros da República do Azerbaijão. Decreto do Gabinete de Ministros da República do Azerbaijão (n.º 83) de 2010 sobre as "Regras para a realização de investigação científica sobre medicamentos, investigação pré-clínica e ensaios clínicos" (em az.)

conseguinte, o n.º 4.4 do decreto estabelece: "A segurança e a saúde da pessoa submetida ao ensaio são de importância primordial e devem prevalecer sobre os interesses públicos e científicos".[114] Esta norma corresponde ao princípio bioético da "dignidade humana e dos direitos do homem", que estabelece: "O interesse e o bem-estar do indivíduo devem prevalecer sobre o interesse exclusivo da ciência ou da sociedade".[115]

Do ponto de vista da proteção da saúde pública e da prevenção da morbilidade, as medidas preventivas são de importância primordial. [116]A política neste domínio baseia-se em normas jurídicas formuladas em numerosas leis, como a Lei da República do Azerbaijão sobre Imunoprofilaxia de Doenças Infecciosas de 2000 . O artigo 3.º desta lei define os princípios fundamentais da política estatal no domínio da imunização. Alguns desses princípios são os seguintes

- a necessidade de vacinas preventivas para todos os cidadãos ;
- vacinação preventiva gratuita nos estabelecimentos médicos estatais e municipais;
- implementação de programas nacionais e regionais específicos, etc.[117]

Os princípios bioéticos como o "consentimento" e as "pessoas incapazes de consentir" podem ser observados no artigo 6.º da lei sobre a imunoprofilaxia das doenças infecciosas: "As vacinações preventivas são efectuadas com base no consentimento dos cidadãos. As vacinações preventivas de pessoas consideradas incapazes de acordo com o procedimento estabelecido por lei ou de menores são efectuadas com base no consentimento dos pais ou de outros representantes legais".[118]

É de salientar que a proteção dos direitos da população, incluindo o direito à saúde, daqueles que sofreram durante o conflito arménio-azerbaijanês do Nagorno-Karabakh

---

[114] *Ibid*

[115] *Ibid.*

[116] Lei da República do Azerbaijão sobre imunização contra doenças infecciosas. Jornal "Azerbaijão", 9 de novembro de 2014, n.º 245; Coletânea de actos legislativos da República do Azerbaijão, 2014, n.º 11 (em az.).

[117] *Ibid.*

[118] *Ibid.*

ocupa um lugar especial na política do Estado do Azerbaijão. [119]Em consequência da ocupação das terras do Azerbaijão, mais de um milhão de pessoas obtiveram o estatuto de refugiados e de pessoas deslocadas internamente. De acordo com a lei relativa ao estatuto dos refugiados e das pessoas deslocadas internamente, o direito a receber assistência médica é igualmente garantido. A construção e a reabilitação de instalações médicas nos territórios afectados pelo conflito, a prestação de serviços médicos móveis, a reabilitação e o trabalho preventivo entre a população afetada são levados a cabo através de numerosos programas estatais.

3.2 O conceito de desenvolvimento "Azerbaijão 2020: Olhando para o futuro"

O conceito de desenvolvimento "Azerbaijão 2020: Olhando para o futuro" tornou-se o documento de base que determinou os desafios modernos e as prioridades de desenvolvimento do país. [120]O conceito, aprovado por decreto do Presidente da República do Azerbaijão, Ilham Aliyev, em 2012, abrange todos os sectores do desenvolvimento do Estado, incluindo a saúde da população. [121]Assim, o n.º 7 do conceito - "O desenvolvimento do capital humano e das esferas sociais" - define uma linha estratégica de desenvolvimento neste domínio, com o objetivo de dar prioridade ao fornecimento "à população do país de serviços de saúde e de educação de qualidade, à acessibilidade destes serviços a vários grupos sociais, incluindo famílias com baixos rendimentos e cidadãos indigentes" . A saúde pública é particularmente destacada como uma das bases para garantir o desenvolvimento do país, uma vez que a saúde da nação é um interesse estratégico de cada Estado. O próprio n.º 7 e as disposições nele contidas reflectem diretamente as normas internacionais já mencionadas no domínio dos direitos humanos e, em particular, os princípios bioéticos universais de "igualdade, justiça e equidade" (artigo 10.º) e "responsabilidade social e saúde" (artigo 14.º).

---

[119] Comité Estatal para os Assuntos dos Refugiados e das Pessoas Deslocadas da República do Azerbaijão. http://www.refugees-idps-committee.gov.az/en/pages/17.html (acedido em: 03.0.2017) (en aze.)

[120] Jornal "República", 17 de agosto de 2016, n.º 178, Coletânea de Legislação da República do Azerbaijão, 2016, n.º 8, art. 1384 (em az.)

[121] Sítio Web oficial do Presidente da República do Azerbaijão, Ilham Aliyev. "O conceito de desenvolvimento "Azerbaijão 2020: Um olhar sobre o futuro" http://www.president.az/files/future_ru.pdf (acedido em 08.05.2017)

O conceito tornou-se uma espécie de plano de ação para a implementação da política estatal em áreas vitais, que deverá ser implementado até 2020. [122]As medidas para o desenvolvimento do capital humano e das esferas sociais no conceito abrangem: a saúde da população e o desenvolvimento do sistema de saúde, a formação de um sistema de educação moderno, a melhoria do sistema de bem-estar social, a garantia da igualdade de género e o desenvolvimento da família, e o desenvolvimento do potencial da juventude e do desporto. De acordo com o conceito, o desenvolvimento no domínio dos cuidados de saúde implica, em primeiro lugar, o aumento do financiamento, o reforço da base material e técnica, a eliminação da centralização excessiva na gestão dos cuidados de saúde, a substituição das funções puramente executivas na gestão das formas administrativas e económicas e a evolução para um seguro médico obrigatório. O conceito também coloca a tónica na aplicação de medidas preventivas destinadas a melhorar a situação da população através de programas públicos. [123]O objetivo das reformas do sistema de saúde acima referidas é substituir "uma medicina essencialmente hospitalar por uma medicina em que prevaleçam os cuidados de saúde primários", a criação de condições adequadas para o alargamento da prática do médico de família e a melhoria dos serviços ambulatórios. Note-se que o conceito define as tarefas a realizar não só na luta contra as doenças sociais de origem infecciosa, como a tuberculose, mas também contra as doenças não transmissíveis - tabagismo, obesidade, etc. - a fim de evitar a propagação destas doenças.

Uma análise da política estatal do Azerbaijão e de numerosos actos legislativos no domínio da saúde pública permite concluir que os princípios bioéticos são amplamente expressos. Dada a estreita relação entre política e direito, é evidente que as normas reflectidas na legislação, incluindo os princípios bioéticos, são um fator determinante na definição da política de saúde pública. Além disso, no Azerbaijão - um país onde o multiculturalismo é uma das principais políticas - é dada grande importância à

---

[122]*Ibid.*
[123]*Ibid.*

aplicação das normas internacionais em matéria de direitos humanos. [124]A bioética, intimamente ligada aos direitos humanos, é uma das prioridades da UNESCO (Organização das Nações Unidas para a Educação, a Ciência e a Cultura), da qual o Azerbaijão é membro. Este é um dos factores que contribuiu largamente para o surgimento e desenvolvimento do interesse por este domínio no país. É de salientar que o Azerbaijão já alcançou grande sucesso no desenvolvimento da bioética em geral e que os especialistas têm demonstrado grande interesse neste domínio. Por exemplo, o currículo básico de bioética da UNESCO foi traduzido para o azerbaijanês em 2011, o curso de formação de professores de ética da UNESCO realizou-se em Baku em 2012 e a 18.ª sessão do Comité Internacional de Bioética da UNESCO também se realizou em Baku em 2011, [125]a disciplina "Bioética e Direito Médico", enquanto disciplina autónoma, foi introduzida no programa de ensino dos estudantes da Faculdade de Direito da Universidade Estatal de Baku em 2014, tendo sido igualmente incluída no código de especialidades científicas.

O desenvolvimento da bioética e o amplo interesse na esfera do direito médico no Azerbaijão permitiram que o país se tornasse um local para eventos científicos internacionais neste domínio. [126]Por exemplo, Baku acolheu o Congresso Anual do 50.º Aniversário de Ouro da WAML em julho de 2017 . Pela primeira vez nos 50 anos de história da associação, o congresso mundial teve lugar nesta parte do mundo. Além disso, pela primeira vez, especialistas da CEI (Comunidade de Estados Independentes), dos países de língua turca, do mundo árabe, do Médio Oriente e da Ásia Central tiveram uma representação tão significativa num congresso da WAML.[127] Participaram no congresso 380 especialistas de renome nos domínios do direito médico, da bioética e da medicina legal. [128]Foram recolhidos cerca de 300

---

[124] Sítio Web oficial da UNESCO. Bioética.
www.unesco.org/fileadmin/MULTIMEDIA/.../BIOETHICS PROGRAMME RUS.doc (consultado em 18.05.2017)
[125] Mammadov V., Munir K., Jafarova L., Medical science, Research and Higher education in Azerbaijan from bioethical developments perspective. Medychne pravo. 2016;2(18):18-43.
[126] Associação Mundial de Direito Médico. Sítio Web: http://wafml.memberlodge.org/23rd-World-Congresso de Direito Médico-Baku-Azerbaijão (acedido em 10.12.2017)
[127] Boletim informativo da AMBM. setembro-novembro de 2017. Edição 34. 25 p.
[128] *Ibid.*

resumos, dos quais 235, provenientes de 50 países, foram selecionados para o programa do congresso. É evidente que o desenvolvimento da bioética no país foi possível precisamente devido à política governamental nos domínios dos direitos humanos, da educação e da medicina.

yes
I want morebooks!

Buy your books fast and straightforward online - at one of world's fastest growing online book stores! Environmentally sound due to Print-on-Demand technologies.

Buy your books online at
www.morebooks.shop

Compre os seus livros mais rápido e diretamente na internet, em uma das livrarias on-line com o maior crescimento no mundo! Produção que protege o meio ambiente através das tecnologias de impressão sob demanda.

Compre os seus livros on-line em
www.morebooks.shop

MIX
Papier aus verantwortungsvollen Quellen
Paper from responsible sources
FSC® C105338
FSC
www.fsc.org

Printed by Books on Demand GmbH, Norderstedt / Germany